湖北省博物館
HUBEI PROVINCIAL MUSEUM

湖北省博物馆少儿绘本丛书

博物馆里的节日

元宵节

主编　钱　红

WUHAN UNIVERSITY PRESS
武汉大学出版社

前　言

越来越多的小朋友走进博物馆，爱上博物馆，爱上博物馆里的文物故事。为此，我们精心打造了《博物馆里的节日》，将14个传统节日、7个公历节日，分别与湖北省博物馆里的21件文物瑰宝链接起来。我们精心设计了湖北省博物馆的文物守护精灵“北北”，还有她的好朋友“湖湖”，让他们带着大家一起穿越时光，了解每个节日的由来；体验每个传统节日的习俗，这些习俗都是中华民族在漫长的历史长河中不断凝聚的宝贵财富，值得我们传承；配上了与文物相关的成语故事、神话故事或历史故事；设置了有趣的“互动问答”，让小朋友在轻松愉快的氛围中学习科普知识。小朋友还可以邀请家长扫描书中的二维码，拓展更广阔的“悦读”空间，了解更多的传统文化，让先民留给我们的精神财富得以传承和弘扬。

钱红

2022年11月

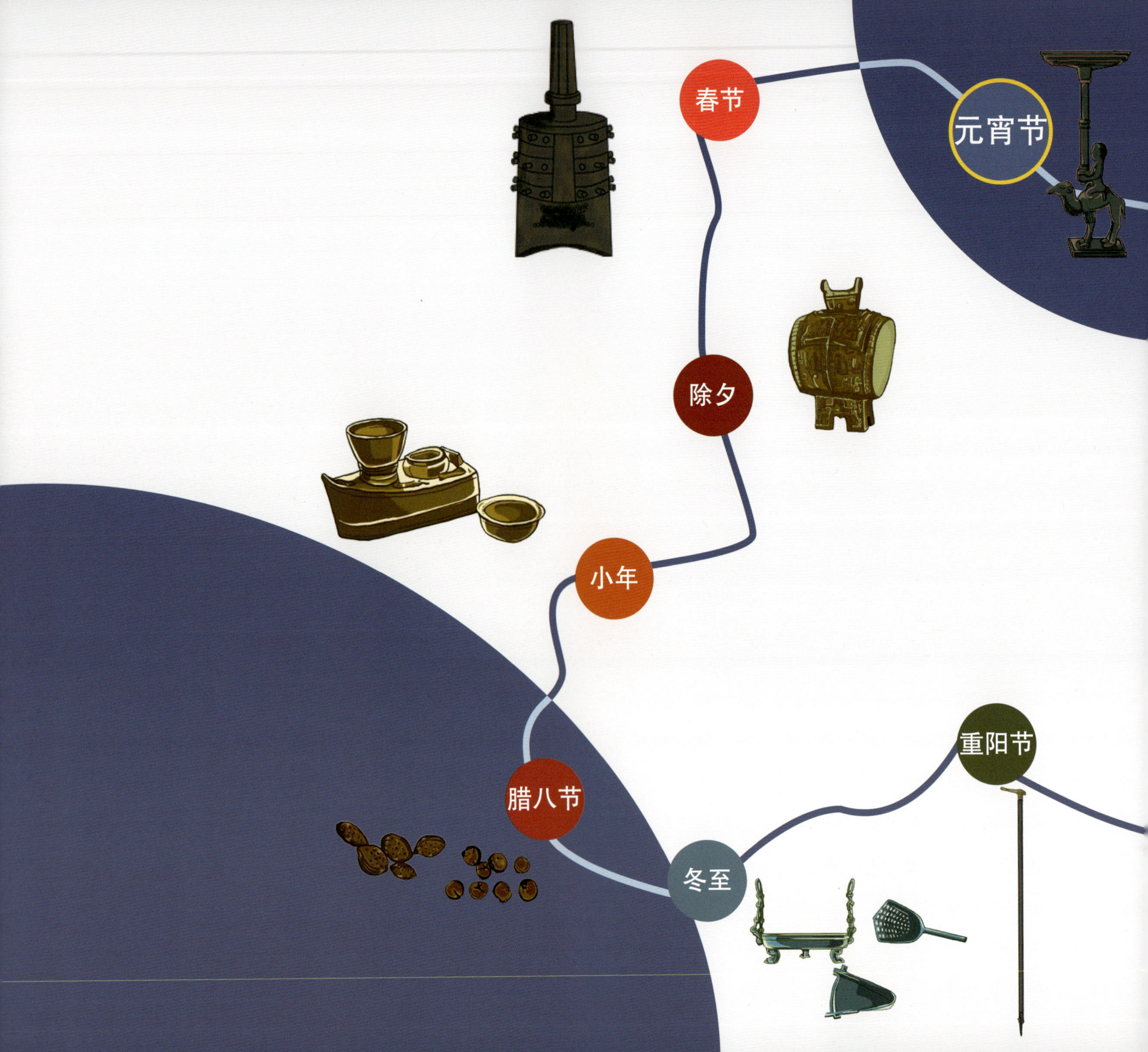
春节
元宵节
除夕
小年
腊八节
冬至
重阳节

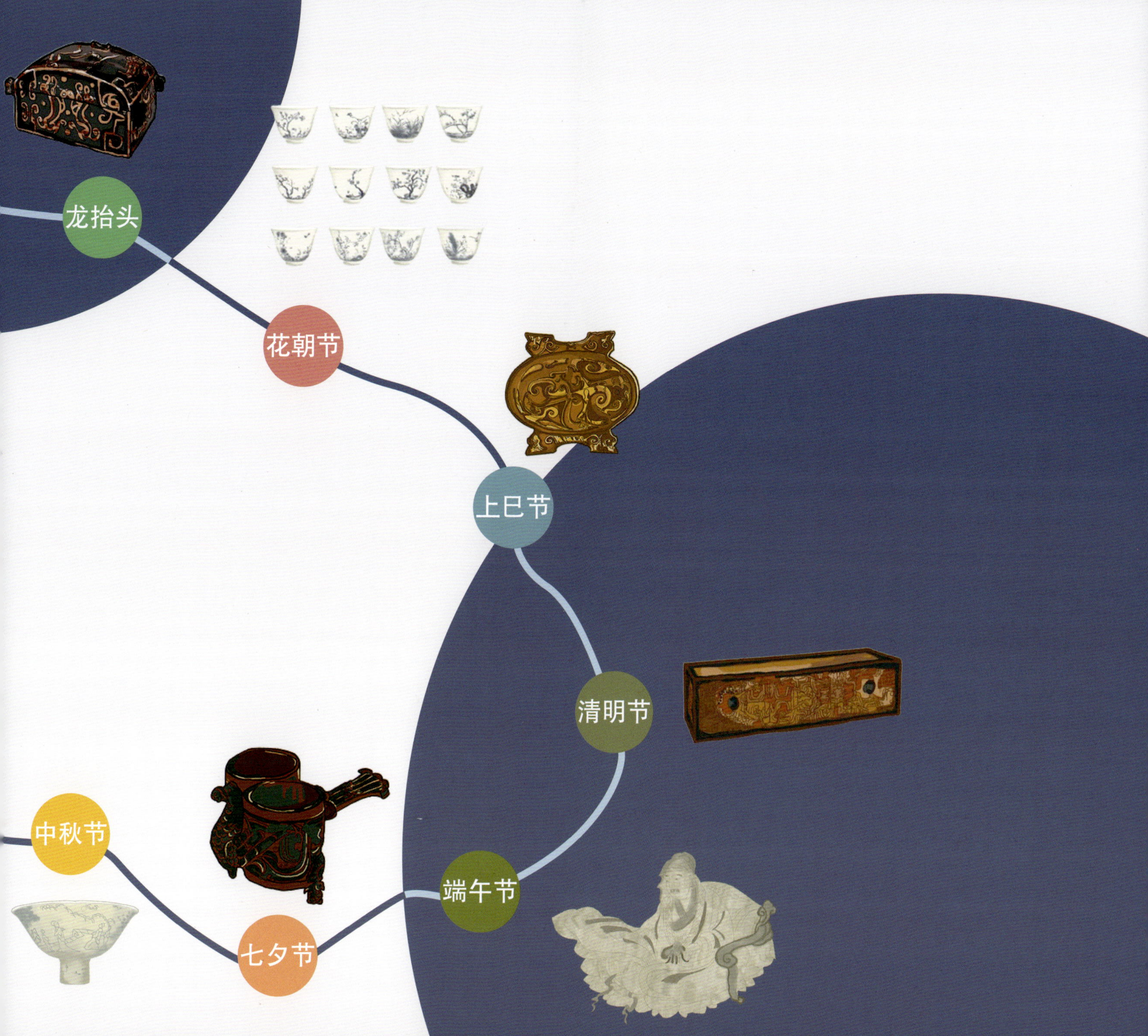
龙抬头
花朝节
上巳节
清明节
端午节
七夕节
中秋节

你好！我叫北北，是湖北省博物馆的文物守护精灵。我可以穿梭时光，带你体验不一样的博物馆节日氛围。旁边是我的好朋友——湖湖。

我们都喜欢湖北省博物馆里的文物，也喜欢听文物背后的故事！这些故事和我们传统节日也有关哦！

正月十五闹元宵

——元夕

青玉案·元夕

（宋）辛弃疾

东风夜放花千树，
更吹落、星如雨。
宝马雕车香满路。
凤箫声动，玉壶光转，
一夜鱼龙舞。

蛾儿雪柳黄金缕，
笑语盈盈暗香去。
众里寻他千百度，
蓦然回首，那人却在，
灯火阑珊处。

元宵节的夜晚绚丽璀璨，让人沉醉其中。湖湖和北北看着各式花灯高悬街头，五彩缤纷、鲜艳夺目……

节日由来

正月是农历的元月。古代称“夜”为“宵”。元宵即正月十五，指一年中第一个月圆之夜。

他们来得竟如此之快！
快逃啊！

讨伐诸吕！
汉文帝时，将平定“诸吕之乱”的正月十五定名为“元宵节”，以纪念太平盛世的来之不易，并与民同乐。
节日由来知识拓展

节日习俗

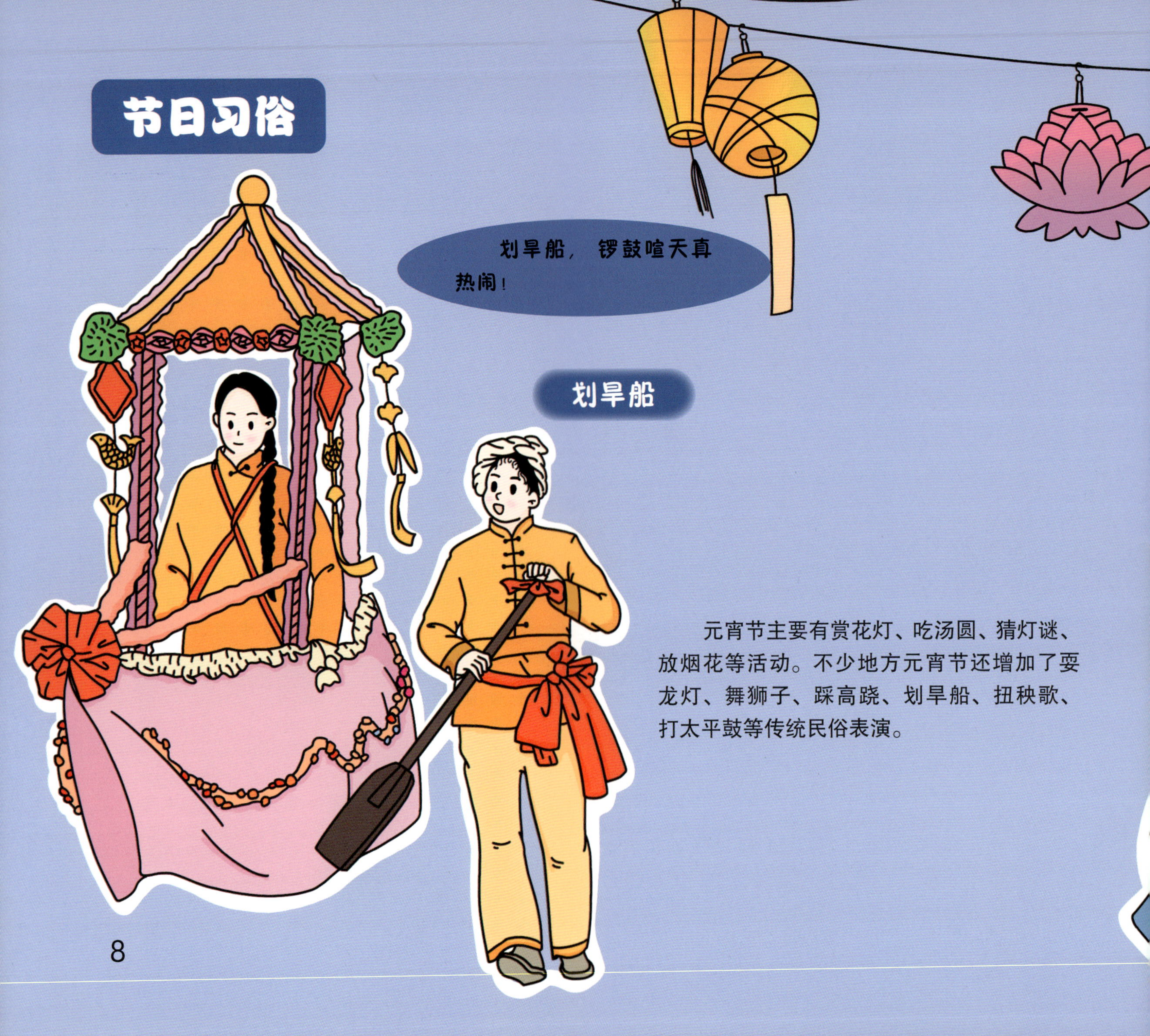

元宵节主要有赏花灯、吃汤圆、猜灯谜、放烟花等活动。不少地方元宵节还增加了耍龙灯、舞狮子、踩高跷、划旱船、扭秧歌、打太平鼓等传统民俗表演。

吃汤圆
打太平鼓
汤圆软软的，
香香的。

赏花灯
赏花灯，猜灯谜，欢天喜地闹元宵。
放烟花
元宵节真热闹！
北北，快看我放的烟花！

扭秧歌
来看看，我猜的是不是正确的？
猜灯谜

文物链接

人骑骆驼铜灯

1965 年出土于湖北江陵，距今 2000 多年，制作精巧，是楚国贵族在元宵节等夜晚使用的照明用具，也是不可多得的艺术精品。

文物知识拓展

在高处看风景，感觉怎么样呀？
感觉真的很不一样！元宵节的夜晚太美了！
北北带着湖湖在空中畅游，欣赏着元宵节夜晚的美景。家家户户张挂彩灯，灯光将错落有致的房屋衬托得格外迷人。满城火树银花，繁华热闹。

成语故事

华灯初上：“华灯”出自爱国诗人屈原的《楚辞·招魂》，形容雕饰精美的灯。华灯初上是指夜幕降临，美丽明亮的灯刚刚点亮时的城市景象。

互动问答

大家是不是对元宵节有了一些了解呢？现在来和我一起看看后面的题目吧。

1. 生于宋明间，人夸色泽靓；文人墨客聚，四季花开香。（打一湖北省博物馆馆藏瓷器）

2. 出淤泥而不染，濯清涟而不妖，中通外直，不蔓不枝。（打一湖北省博物馆馆藏瓷器）

3. 拥有者一生丰衣足食。（打一曾侯乙金器）

答案

图书在版编目(CIP)数据

博物馆里的节日.元宵节/钱红主编.—武汉:武汉大学出版社,2023.5
湖北省博物馆少儿绘本丛书
ISBN 978-7-307-23746-9

Ⅰ.博… Ⅱ.钱… Ⅲ.节日—风俗习惯—中国—少儿读物 Ⅳ.K892.1-49

中国国家版本馆 CIP 数据核字(2023)第 078593 号

责任编辑:李 玚　　责任校对:李孟潇　　装帧设计:何家辉 陈晓宇

出版发行:**武汉大学出版社** (430072 武昌 珞珈山)
(电子邮箱:whu_publish@163.com)
印刷:武汉市金港彩印有限公司
开本:880×1230 1/16　印张:25　字数:157 千字
版次:2023 年 5 月第 1 版　2023 年 5 月第 1 次印刷
ISBN 978-7-307-23746-9　定价:298.00 元(全 15 册)
